AF246815

ARLÉQUIN MORT ET VIVANT,

PANTOMIME EN DEUX TABLEAUX PAR **REMI**,

REPRÉSENTÉE POUR LA PREMIÈRE FOIS AU SPECTACLE-CONCERT LE 6 JUILLET 1847.

PERSONNAGES:	ACTEURS:
PIERROT.	KALPESTRI.
ARLEQUIN	LALUYÉ.
CASSANDRE	LAPLACE.
LÉANDRE, prétendu de Colombine (caricature)	MARTIAL.
COLOMBINE	AMANDA.
ACCESSOIRES.	

PREMIER TABLEAU.

Le théâtre représente un jardin ; la maison de Cassandre au deuxième ;
plan à droite du spectateur.

SCÈNE Iʳᵉ.

Colombine sort de la maison de son père, Arlequin entre en dansant,
puis apercevant Colombine, se précipite à ses genoux ; Arlequin jure de
l'aimer toujours, et Colombine lui dit que lui seul obtiendra sa main.

SCÈNE II.

Pierrot entre sans voir ni Arlequin ni Colombine, mais en se retournant
il les aperçoit ; signe de surprise, puis il menace Arlequin et dit qu'il
va aller prévenir Cassandre. Cassandre paraît, et Pierrot lui montre Arlequin faisant la cour à sa fille ; colère de Cassandre,

SCÈNE III.

Qui va prendre Arlequin par l'oreille, en le menaçant ; frayeur de Colombine ; joie de Pierrot, qui pose ses mains sur son cœur, pour dire à
Colombine qu'il l'aime ; mais celle-ci le repousse... Arlequin demande

1847

pardon à son maître. Cassandre dit qu'il le chasse, et dit à Pierrot, vas chercher son paquet et qu'il parte... Pierrot s'empresse d'aller chercher le paquet, et le jette aux pieds d'Arlequin en lui faisant signe de partir.... Arlequin embrasse Colombine, Cassandre lance un coup de bâton, et c'est Pierrot qui le reçoit... Cassandre fait rentrer Colombine... Arlequin frappe Pierrot d'un coup de batte, et celui-ci pousse Cassandre qui rentre dans la maison....

SCÈNE IV.

Arlequin resté seul est au désespoir, il dit que n'ayant plus rien au monde il se pendra à une branche d'arbre, mais la branche se brise, et il tombe alors ; il dit : Eh bien ! non... je ne mourrai pas, j'épouserai Colombine malgré vous... Il va frapper à la porte de Cassandre.

SCÈNE V.

Pierrot paraît ; Arlequin se cache, Pierrot cherche partout, ne voyant rien, il va rentrer... Mais Arlequin lui donne un coup de batte sur le dos ; grimace de Pierrot qui se retourne et n'aperçoit rien. Arlequin frappe encore à la porte de Cassandre, qui paraît en faisant de grandes salutations ; Arlequin lui donne un coup de batte, au moment où Pierrot rentre en scène et pénètre dans la maison de Cassandre, celui-ci croyant que c'est Pierrot qui l'a frappé, lui donne un coup de bâton... Dispute entre eux....

SCÈNE VI.

Colombine et Arlequin sortent de la maison, Pierrot qui les voit dit à Cassandre : voilà celui qui vous a frappé.. Colombine se sauve.. Colombine est rappelée par son père qui lui dit : un homme très riche va venir demander votre main ; Colombine dit qu'elle ne veut pas se marier... Contentement de Pierrot... Colère de Cassandre qui insiste ; ne pouvant rien obtenir, il veut faire rentrer sa fille, lorsque paraît Léandre... Salutations.

SCÈNE VII.

Pierrot se met devant Cassandre pour saluer, et celui-ci lui donne un coup de pied, ce qui fait qu'il donne une poussée à Léandre ; celui-ci menace Pierrot, mais apercevant Colombine, il va à elle et lui présente un bouquet, que celle-ci prend et jette à terre. Colère de Cassandre.... Le

prétendu lui fait signe de s'appaiser, et se jette aux genoux de Colombine...
Mais elle lui donne une tappe et le renverse, puis elle se sauve dans la
maison. Léandre est furieux... Pierrot rit.... Deux nègres entrent en
portant, un une corbeille, l'autre des sacs d'argent... Le prétendu entre
dans la maison de Cassandre...

SCÈNE VIII.

Pierrot salue les nègres, et au moment où Cassandre vient pour prendre
un sac d'argent, il lui donne une tappe sur la main en disant : ce n'est pas
à vous, Pierrot dit : je vais en prendre, il avance la main, Cassandre le
frappe à son tour... Cassandre invite les nègres à entrer chez lui, pendant
ce temps, Pierrot vole un sac d'argent, le prétendu reparaît et dit à
Cassandre, votre fille est charmante, Cassandre l'invite à rentrer après
quelques politesses affectées, ils rentrent.

SCÈNE IX.

Pierrot regarde entrer un garçon pâtissier qui tient sous son bras un
panier rempli de gâteaux et dit : Si je pouvais en prendre quelques uns.
Le garçon pâtissier s'assied et se met à compter sa recette ; pendant ce
temps Pierrot vole un gâteau qu'il met dans sa poche, puis, enhardit, il
en prend un autre qu'il met dans son chapeau.

SCÈNE X.

Cassandre entre en scène et, apercevant Pierrot, il dit : tu seras puni ;
il se met derrière lui et lui reprend ses gâteaux.

SCÈNE XI.

Arlequin paraît et, les voyant occupés à se voler l'un l'autre, il reprend
les gâteaux de Cassandre, puis lorsqu'il a tout pris il disparaît.....

SCÈNE XII.

Le pâtissier aperçoit Pierrot et dit : voilà une pratique, tâchons de lui
vendre, alors il s'aperçoit que la manne est vide ; il regarde Pierrot et dit :
c'est lui, car il mange. Il s'en approche et lui dit : vous m'avez pris mes
gâteaux... Moi... dit Pierrot, vous vous trompez, c'est Cassandre... Le
garçon pâtissier s'approche de Cassandre et lui demande de l'argent ;

celui-ci le renvoie à Pierrot... Il demande l'argent à Pierrot et à Cassandre qui se le rejettent ; le garçon pâtissier furieux dit : je saurai bien vous faire payer... Il va au fond et appelle. Pierrot et Cassandre se félicitent du bonheur qu'ils vont éprouver en mangeant les gâteaux. Ils mettent tous deux la main dans leur chapeau... Stupéfaction en n'y trouvant rien... Le pâtissier revient ; Pierrot frappe Cassandre sur la tête avec la manne qui se défonce, et celui-ci se trouve pris par le cou ; le pâtissier se sauve ; Arlequin paraît et donne des coups de batte à Pierrot et Cassandre... qui rentrent dans la maison.

SCÈNE XIII.

Arlequin paraît avec un sac, puis il se met dedans ; Pierrot sort de la maison et l'aperçoit, alors il saute sur le sac et lie Arlequin dedans en disant je te tiens ; il appelle Cassandre et lui dit : Arlequin est là... apportez des bâtons pour le rouer de coups...

SCÈNE XIV.

Pierrot se met devant le sac et veut le prendre pour l'emporter, puis, faisant un effort, il manque de tomber ; car Arlequin n'est plus dans le sac. Pierrot, étonné, fait voir comme Arlequin était entré : il se met dans le sac... Arlequin paraît au fond et attache Pierrot dedans ; celui-ci se débat... Arlequin frappe à la porte de Cassandre et se sauve...

SCÈNE XV.

Cassandre et Léandre arrivent avec des bâtons et se mettent à frapper sur le sac ; Pierrot jette des cris et sort la tête hors du sac ; alors on s'aperçoit de la méprise... Arlequin paraît et fait signe à Colombine, et ils se sauvent... Cassandre et le prétendu les poursuivent de coulisses en coulisses. Au moment où le prétendu entre en scène, Pierrot, croyant que c'est Arlequin, lui brise son assiette sur la tête et se met à rire. Léandre roule à terre.

SCÈNE XVI.

Cassandre parait avec sa fille et relève Léandre ; il faut absolument se débarrasser d'Arlequin. Léandre s'adresse à Pierrot pour tuer Arlequin. Colombine voyant cela dit : je vais aller le prévenir, puis elle sort, Cassandre va chercher un fusil et l'apporte à Léandre, qui le repasse à Pierrot

ARLEQUIN MORT ET VIVANT.
Pantomime par Mr Remy).

qui le met à terre. Léandre dit : tiens, voici une bourse, elle sera pour toi si tu tue Arlequin. Pierrot fait l'exercice, puis il met en joue Léandre ; celui-ci montre une grande frayeur. Léandre, je m'éloigne, quand tu auras tué Arlequin tu le prendras sur tes épaules et tu iras le jeter à la rivière, oui, répond Pierrot ; et Léandre et Cassandre s'éloignent.

SCÈNE XVII.

Pierrot se promène en portant l'arme au bras, mais son fusil tombe toujours en avant ; alors il met la crosse dans sa poche, puis entendant du bruit il se cache. Arlequin paraît en dansant, il dit qu'il cherche Colombine, Pierrot le voit, le couche en joue et fait feu ; Arlequin chancelle et tombe à terre ; Pierrot se réjouit de l'avoir tué, il pose son fusil dans la coulisse, il vient relever Arlequin. Après divers jeux de scène, Pierrot emporte Arlequin sur son dos.

FIN DU 1er TABLEAU.

DEUXIÈME TABLEAU.

Le Théâtre représente un salon avec des chaises, portes latérales et porte au fond.

SCÈNE Ire.

Colombine est assise près de la table et pleure la mort d'Arlequin. Pierrot arrive et lui fait la cour.

SCÈNE II.

Léandre paraît ; voyant cela il repousse Pierrot violemment, Pierrot le repousse à son tour et menace Léandre, celui-ci tire son épée et veut se précipiter sur Pierrot, Colombine le retient, Cassandre, qui est entré, ouvre son parapluie et en fait un bouclier à Pierrot. Un paysan entre en scène, salue la société et mime qu'il apporte un mort dans une boîte ; allez le chercher, dit Cassandre ; le paysan apporte la boîte et dit à Cassandre : payez-moi, puis il sort. Pierrot veut se précipiter pour ouvrir la boîte, Cassandre le retient et dit : c'est à moi à l'ouvrir. Alors ils s'approchent tous, Cassandre ouvre la boîte et Pierrot recule épouvanté en apercevant le visage pâle d'Arlequin. Ah ! fait Pierrot, en reculant et se mettant à trembler de tous ses membres. Allons, viens voir lui dit Cassandre, il lui fait voir et toucher Arlequin mort, c'est vrai, dit Pierrot, il est bien mort ; alors il tourne le dos à Arlequin, celui-ci donne une tappe sur la tête de Pierrot qui jette un cri et se sauve. Léandre et Cassandre courent après pour le retenir.

SCÈNE III.

Arlequin sort sa tête de la boîte et regarde s'il n'y a plus personne, Colombine voyant cela éprouve une grande frayeur, se met son doigt sur sa bouche et lui fait signe de se taire. Le mort sort de sa boîte, vient à elle et lui fait comprendre qu'il est Arlequin, qu'il ne s'est mis ainsi que pour effrayer Cassandre et Léandre, et devenir son époux. Ciel, voici Pierrot, dit Colombine, elle le fait mettre sous la table, mais il passe sa tête à travers, Colombine lui met une toque sur la tête.

SCÈNE IV.

Pierrot entre et regarde le coffre avec frayeur, puis il s'approche de Colombine ; il aperçoit la tête sur la table et dit : elle est très laide ; en disant ces mots il salue la tête qui lui rend son salut, stupeur de Pierrot ; il salue, même jeu de scène ; je rêve, dit Pierrot, et je veux m'en convaincre, alors il met son doigt dans la bouche d'Arlequin, celui-ci le mord. Ah ! dit-il, tu vas me le payer : il donne un grand coup de poing sur la tête d'Arlequin et n'écrase que la toque. Arlequin sort de dessous la table, Pierrot l'aperçoit et se sauve. Colombine fait rentrer Arlequin dans sa boîte.

SCÈNE V.

Cassandre et Léandre raniment Pierrot Léandre présente un contrat, Cassandre prend le papier, cherche ses lunettes et dit à Pierrot : il ne fait pas clair ici, va chercher une chandelle. Pierrot revient aussitôt et se met au milieu de Cassandre et de Léandre. Arlequin sort de sa boîte et donne un coup de batte à Cassandre et à Léandre, ceux-ci, furieux, donnent chacun un coup de pied à Pierrot, qui fait la grimace ; Cassandre le menace et passe à côté de Léandre, alors celui-ci s'apprête à lire, et de temps en temps Pierrot baisse ou élève trop la chandelle. Léandre lui prend le bras pour le faire rester tranquille, puis il lit ; Cassandre et Léandre ont une difficulté au sujet d'un article du contrat, pendant ce temps, Pierrot, sans s'en apercevoir, met le feu au contrat. Laissons cela, dit Léandre, il se fait tard, j'ai faim. Cassandre s'adresse à sa fille pour mettre le couvert pour trois. Colombine appelle Pierrot pour l'aider ; il sort avec Colombine.

SCÈNE VI.

Cassandre et Léandre restent ensemble et causent de leurs affaires. Pierrot entre avec Colombine et mettent le couvert. Pierrot apporte des biscuits ; il en mange, puis il rentre chercher du vin ; Cassandre invite Léandre à s'asseoir ; mais Colombine a ôté la chaise et Léandre roule à terre. Colère de celui-ci. Colombine s'excuse. Pierrot arrive avec deux bouteilles et boit à même ; Cassandre l'aperçoit et lui donne un coup de pied, ce qui lui fait jeter Léandre en bas de sa chaise ; nouvelle colère ; enfin on l'appaise ; Léandre arrache le vin des mains de Pierrot, on se met à table. Et moi, dit Pierrot, où me mettrai-je ? Une idée, je vais aller m'asseoir sur les genoux de Léandre. Léandre cherche à le repousser, mais Pierrot ne bouge pas ; Cassandre qui aperçoit cela, dit : Ah ! le malhonnête, je vais le corriger, puis il lui donne un soufflet, que Pierrot évite en baissant la tête, et c'est Léandre qui le reçoit. Il faut en finir, allons chez le notaire et règlons le mariage ; puis Cassandre et Léandre sortent.

SCÈNE VII.

Pierrot, resté seul, prend une assiette avec des biscuits, une bouteille de vin et un verre, puis il s'assied à terre ; alors il mange un biscuit, il verse du vin dans son verre et le met à sa droite ; Arlequin sort de sa boîte et vient le boire ; Pierrot prend le verre et le porte à sa bouche ; s'apercevant qu'il n'y a plus rien dedans, il cherche de tous côtés, alors regardant un piston de l'orchestre, il dit : c'est le joueur de piston qui l'a bu, je vais de l'autre côté ; il se verse à boire et boit tout de suite, en disant au musicien, tu ne l'auras pas celui-là ; puis il s'en verse un second, il le pose à sa gauche, Arlequin vient le boire ; Pierrot porte encore le verre à sa bouche, même scène que ci-dessus à la contre-basse. Alors il se met au milieu, Arlequin vient et s'assied près de lui ; Pierrot verse un verre et dit je vais le boire, Arlequin le lui prend et boit, Pierrot se retourne, aperçoit Arlequin, il éprouve une grande frayeur ; Colombine, attirée par les cris de Pierrot, arrive et lui demande ce qu'il a, il lui dit et la prie de rester avec lui, il lui offre une chaise, elle s'assied, Pierrot, rassuré, se met près d'elle et commence à lui faire la cour. Alors Arlequin revient derrière la chaise et Pierrot dit : je vais lui prendre la taille et l'embrasser ; Arlequin fait signe à Colombine de se lever et se met à sa place, Pierrot passe son bras sous la taille du mort, puis la figure réjouie, il se retourne et embrasse vivement Arlequin ; il s'en aperçoit, mais celui-ci le serre dans ses bras, Pierrot se débat et veut se sauver, Arlequin jure d'aimer Colombine, et Pierrot, en amenant avec lui Léandre et Cassandre, ils aperçoivent Arlequin aux pieds de Colombine, ils veulent se sauver.

SCÈNE VIII.

Pierrot les retient, Arlequin se dépouille de son masque de mort, et demande la main de Colombine à Cassandre, celui-ci refuse, Pierrot prend son maître et lui dit cédez : non, répond Cassandre ; Pierrot se met à pleurer, prend son mouchoir dans sa poche, s'essuie les yeux, puis le tordant il en sort de l'eau, ce sont mes larmes, dit Pierrot.... Alors Pierrot prend la tête de Cassandre, et lui fait donner son consentement, et moi, dit Léandre à Cassandre, et ce papier que nous venons de signer ; voilà le cas que j'en fais. Il le lui arrache des mains, le déchire et le jette à la figure de Léandre, qui, furieux veut se précipiter sur Cassandre, Pierrot prend Léandre et le jette à la porte ; Cassandre attendri prend la main de Colombine, Léandre reparaît encore en les menaçant, Pierrot le rechasse de nouveau ; Cassandre bénit Arlequin et Colombine ; Pierrot va derrière Cassandre, lui donne un renfoncement, et bénit à son tour Arlequin et Colombine en disant : c'est mon ouvrage !

Typographie Bénard et comp., pass. du Caire, 2.